JOURNAL

DE LA

SOCIÉTÉ DE STATISTIQUE DE PARIS.

Des chertés en France et de leur influence sur le mouvement de la population.

La hausse du prix des produits agricoles, sauf en ce qui concerne, et peut-être momentanément, les céréales, est un fait général en Europe, nous pourrions presque dire dans le monde entier. Cette hausse, qui s'est étendue successivement à tous les objets nécessaires à l'alimentation, inflige aux classes qui vivent d'un revenu fixe, dans les cas où ce revenu touchait déjà aux limites du nécessaire, les souffrances les plus vives.

Notre intention n'est pas de rechercher ici les causes (causes multiples) de ce phénomène. Cette recherche, qui rentre dans le domaine de l'économie politique, est étrangère à nos travaux, dont le but est surtout de constater et de préciser les faits. Par la même raison, nous n'examinerons pas davantage s'il a sa source dans des circonstances accidentelles ou permanentes. Nous dirons cependant qu'il y a deux sortes de chertés. L'une se produit à la suite de récoltes insuffisantes; ses effets, quoique transitoires, sont brusques, violents, et soumettent les populations à des épreuves d'autant plus redoutables, que, le plus souvent, elles les frappent à l'improviste et les trouvent sans défense. L'autre, plus lentement, mais sûrement progressive, résulte de circonstances économiques diverses, dont il n'est pas toujours facile de déterminer exactement le rôle et qui agissent sous les formes les plus compliquées.

C'est de la première que nous entendons nous occuper ici. Après avoir constaté historiquement ses diverses apparitions en France en prenant pour guide les autorités les plus respectables, nous rechercherons, dans la mesure des documents existants, ses effets sur le mouvement de la population; car c'est dans ce sens surtout que se manifestent ses conséquences les plus graves et cependant les moins connues. Il est certain que, lorsque sous son influence, on voit la mortalité s'accroître, les mariages diminuer où devenir moins féconds, des déplacements considérables de population s'opérer, on peut dire que, dans le pays où se manifestent ces faits graves, les sources mêmes de la vie sont atteintes et qu'il importe que l'assistance publique et privée s'empresse d'élever ses sacrifices à la hauteur des besoins.[1]

---

[1] Nos principaux guides pour cette revue historique sont : Delamarre (*Traité de la police*, 1738); Léopold Delisle (*Études sur la condition de la classe agricole en Normandie au moyen âge*, 1851); Pierre Clément (*Histoire de la vie et de l'administration de Colbert*, 1846); l'auteur anonyme de la *Culture et du commerce des grains en France*, 1776); Herbert (*Essai sur la police générale des grains*, 1755); l'abbé Baudran (*Demande d'éclaircissement à M. Necker*, 1775); Moheau, *Recherches sur la population*, 1778); le *Moniteur* pour la période 1789-1800.

1860

DU Vᵉ AU Xᵉ SIÈCLE.

La première famine locale mentionnée par nos plus anciennes chroniques, remonte au cinquième siècle. Elle éclata en Bourgogne en 481. La misère fut telle qu'un seul seigneur, parent de l'évêque Sidoine Apollinaire, fut obligé de nourrir 4,000 pauvres pendant toute sa durée.

La première famine générale sur laquelle on ait des renseignements précis, est généralement rapportée à l'année 514, sous Childebert. La mortalité fut énorme.

En 588, la pénurie des grains fut telle que le boisseau d'*avoine* (l'avoine formait alors la principale nourriture des classes agricoles) se vendit le tiers d'une livre d'or, c'est-à-dire l'équivalent d'environ 95 fr. monnaie de nos jours.

En 651, le roi Clovis II dut convertir en monnaie la châsse d'argent de Saint-Denis, pour en distribuer le produit aux pauvres qui mouraient de faim par milliers.

En 778-779, Charlemagne se vit obligé de prescrire des *jeûnes* et d'ordonner que des aumônes seraient faites par les évêques, les religieux de tous les ordres et par les seigneurs. Les mêmes mesures furent prises en 793-794. L'empereur crut devoir y ajouter un édit qui fixait un maximum pour le prix de l'avoine, de l'orge, du seigle et du froment. Pour lui, il fit vendre au-dessous de ce minimum les grains de ses domaines et ordonna aux grands-vassaux de suivre son exemple.

Pour la première fois, en 805, on signale une défense d'exporter les subsistances. En 806, les réserves en magasin sont interdites.

En 813, l'empereur autorise l'exécution des canons des conciles d'Arles et de Tours qui prescrivent : 1° aux seigneurs de faire vivre tous leurs serfs et gens de leur maison ; 2° aux évêques d'affecter les trésors des églises aux besoins des pauvres *en présence des moines* ; 3° aux marchands, d'avoir des poids et mesures justes et de ne pas acheter à vil prix le bien des pauvres.

DU Xᵉ AU XIVᵉ SIÈCLE.

Nouvelles famines en 942 et 945. D'après la chronique de Rodulfius Glober, de 970 à 1040, c'est-à-dire dans un intervalle de 70 ans, on aurait compté 48 années de famines ou d'épidémies. Le grave Moheau assure (*Recherches sur la population*) que, dans une de ces famines dont il fixe la date aux années 1032 et 1033, on aurait exposé en vente à Tourennes de la chair humaine !

En 1043 commence une série de mauvaises récoltes qui, au moins en Normandie et dans l'Anjou, dure sept ans. La misère, arrivée à son comble, produit des épidémies meurtrières.

En 1053, sécheresse et disette ; — en 1082, famine ; — en 1091, disette occasionnée par une sécheresse prolongée ; — en 1095-1096, sécheresse et famine ; — en 1109, pluies torrentielles, disette de grains et de vin ; la famine se prolonge pendant les deux années suivantes ; — en 1125-1126, famine et mortalité ; — en 1138 commence une famine qui *dure sept ans*. — En 1141, la mesure de froment, qui se vendait en Normandie, dans les temps ordinaires, de 8 à 10 sols, s'élève à 40 sols et la mesure d'avoine de 2 à 16 sols. — On constate le même fait en 1146. Disette par suite d'un hiver rigoureux en 1149-1150 ; — disette en 1151 par suite de pluies continuelles et d'inondations ; — en 1156, des pluies torrentielles empêchent la récolte ; — en 1162, famine et mortalité ; — en 1174, disette ; — en 1194, disette provoquée par des tempêtes et des grêles qui hachent les blés ; elle dure trois ans et provoque une grande mortalité. Selon la chronique de Reims, les pauvres dévorent les charognes ; un grand nombre de malheureux meurt de faim. — Famine en 1223-1224 ; elle sévit surtout en Flandres ; — cherté en 1225 ; — famine en 1235 ; — famine générale en 1257-1258 ; le blé et le vin ont manqué ; la peste décime la population de Paris. — Disette en 1263 ; la fabrication de la bière d'orge est interdite ; — en 1272 disette ; même interdiction ; — en 1275, disette de blé et de vin ; déjà en 1259, la récolte des vins avait été nulle ; — en 1277, par suite de pluies torrentielles, les blés sont engrangés dans un état d'humidité qui compromet leur conservation ; d'un autre côté, les semailles, par suite d'un hiver précoce, se font dans de mauvaises conditions. Le prix du blé s'élevant rapidement, plusieurs parlements prohiben. l'exportation des vins et céréales dans les provinces de leur ressort.

XIVe SIÈCLE.

Disette en 1304; le roi (Philippe-le-Bel) fait dresser un état des approvisionnements en grains dans le vicomté de Paris, ainsi que des quantités nécessaires pour les ensemencements, et ordonne de porter le reste au marché : cette mesure ne produisant pas l'effet attendu, un édit royal fixe un prix maximum pour les céréales et les autres objets de consommation alimentaire. Ce maximum provoque, comme il fallait s'y attendre, une hausse nouvelle. Le roi rappelle alors son édit et se borne à prescrire de nouveau l'envoi au marché du superflu de chaque famille. En même temps, un arrêt du parlement *interdit le commerce des grains* et défend d'enlever ceux de Paris.

La récolte de 1305 est mauvaise ; le roi ordonne que les greniers de Paris seront visités et les blés découverts distribués aux boulangers pour être convertis « en une quantité suffisante de pain toutes les semaines. »

En 1315, le blé et le raisin ne mûrissent pas ; une famine éclate qui dure deux ans et fait périr un grand nombre de personnes. — En 1334, famine et mortalité.

Les guerres presque continuelles du règne de Philippe-le-Bel amènent une nouvelle famine en 1338. *Elle dure dix ans.* En juillet 1344 notamment, le prix du blé s'élève, à Paris, au taux de 50 sols la mesure, ou cinq fois le prix courant.

En 1359, cherté du blé et manque absolu de vin et de fruits.

Disette en 1389. Une ordonnance du roi Charles VI du 14 août interdit l'exportation, sauf en ce qui concerne le Languedoc, où la récolte a été suffisante.

Mauvaise récolte en 1390. Une ordonnance du prévôt de Paris, du 10 juin 1391, prescrit à chaque famille, sous des peines sévères, de porter son superflu au marché, interdit le commerce des blés, ordonne aux cultivateurs de vendre directement leurs blés au marché, sans aucun intermédiaire, et *de vendre à un prix juste et raisonnable.*

XVe SIÈCLE.

Disette en 1415. Une ordonnance du prévôt de Paris enjoint d'apporter, à un jour fixé, au Châtelet de Paris, un état des quantités de grains que chacun possède, sous peine d'amende et de confiscation en cas de dissimulation.

La cherté continue en 1416, 1417, 1418 et 1419. Dans cette dernière année, un arrêt du conseil fixe le prix du blé. Un second arrêt élève ce prix, sur les observations des marchands qu'ils sont obligés d'aller faire leurs achats loin du rayon d'approvisionnement de Paris et que les *provinces sont pleines de soldats qui les pillent ou les rançonnent, et les grands chemins infestés de voleurs.* Deux autres arrêts l'élèvent encore, et des mesures extraordinaires sont prises pour assurer l'approvisionnement de Paris.

Famine de 1430 à 1439, provoquée beaucoup moins par les intempéries que par les guerres acharnées qui désolent l'intérieur du pays. Le célèbre chroniqueur Monstrelet raconte, avec des détails horribles, la mortalité qui sévit, particulièrement de 1437 à 1439, et enleva, dit-il, *le tiers de la population de Paris et des environs.* On peut juger de l'intensité du mal par les mesures de l'autorité pour approvisionner Paris, et réduire la consommation dans les limites de l'extrême nécessaire. Parmi ces mesures, il faut citer l'élévation successive de la taxe du pain, les apports forcés au marché, la visite des maisons pour découvrir les blés cachés, la défense de fabriquer des pains de luxe et plus tard du pain de froment pur, l'interdiction d'exporter, etc.

Nouvelle disette en 1455 et 1459; en 1459 les états du Languedoc tenus à Béziers, se plaignent de ce que leur province a vu, en pleine paix, la *population diminuer d'un tiers par la famine et la peste.*

En 1466, l'insuffisance de la taxe décide un grand nombre de boulangers de Paris à cesser de cuire; les autres fabriquent du pain de mauvaise qualité. La taxe ayant été relevée, mais probablement sans laisser un bénéfice suffisant aux boulangers, la fraude continue et soulève des plaintes unanimes.

Chertés de 1475 à 1477. — Famine en 1481; l'autorité recourt aux moyens les plus arbitraires, les plus violents, pour approvisionner Paris, l'objet de son unique préoccupation. — En 1484, on voit les états du Languedoc, réunis à Tours, signaler de nouveau les ravages que fait la disette dans la population.

XVIᵉ SIÈCLE.

Mauvaise récolte en 1520. La province affamée arrête les grains qui se dirigent sur Paris. Le parlement prend des mesures sévères contre les coupables. Les blés étant plus chers dans la province qu'à Paris, les marchands les font sortir de nuit de cette ville; arrêt du parlement qui interdit cette évacuation clandestine et enjoint aux marchands des provinces de vendre leurs approvisionnements au marché de Paris *dans un délai fixé*.

Famine en 1528 *qui se prolonge jusqu'en 1534.* « Il y eut des chaleurs si conti-« nuelles et si excessives depuis la fin de 1528 jusqu'au commencement de 1534, « que toutes les plantes languissaient dans la campagne. Il n'y eut pas, pendant ces « cinq ans, deux jours de gelée de suite. Cette chaleur énervait pour ainsi dire la « nature et la rendait impuissante. Rien ne venait à maturité; les blés s'en ressen-« taient plus qu'aucune autre plante, et, faute d'hiver, il y avait une si grande « quantité de vermine qui en rongeait le germe, que la *récolte fournissait à peine* « *la semence nécessaire pour l'année suivante.* » (Delamarre, titre XIV, p. 355.)

La récolte de 1544 est insuffisante. Des lettres patentes remettent en vigueur celles du 28 octobre 1531, aux termes desquelles il était défendu d'acheter les récoltes sur pied et de vendre ailleurs qu'au marché. En même temps la vente sur le marché est réglementée de manière que « le populaire qui achète pour vivre du jour en la journée, soit servi le premier, et après, ceux qui veulent faire provision à temps. »

En 1548, le haut prix du blé oblige le prévôt de Paris à retirer la taxe du pain.

En 1560, la cherté est telle, qu'un arrêt du parlement prescrit au chapitre Notre-Dame et à un certain nombre de monastères riches (que l'arrêt désigne par leur nom), à venir au secours des pauvres de la ville de Paris.

L'année 1565 fut des plus calamiteuses: « Il y avait longtemps que la disette des « grains n'avait été si grande en France qu'elle le fut en 1565. Les grandes pluies « et les inondations de l'hiver, les fortes gelées et les neiges extraordinaires qui « troublèrent la saison du printemps, noyèrent ou arrêtèrent en hiver la plus grande « partie des semences; et le peu qui vint à maturité fut beaucoup gâté par les bruines « et par les nielles qui précédèrent la moisson. » (Delamarre, ibid.)

Pour assurer l'approvisionnement de Paris, l'autorité recourt à des mesures plus inquisitoriales plus violentes que jamais, et contribue ainsi à accélérer la hausse exorbitante des grains. Les habitants de la campagne, chassés par la faim, se portent en masse sur Paris, dont les rues sont bientôt envahies par une nuée de mendiants. Dans cette situation, un arrêt du conseil du 22 décembre ordonne que « Chacun des « bourgeois, manants et habitants de Paris, doubleront pour six mois le payement « de leur aumône à quoi volontairement ils se sont cotisés au bureau de la police « des pauvres, pour être distribué, par les commissaires desdits pauvres de chacune « paroisse, en deniers ou pain. » — Par le même arrêt, il est enjoint « aux pauvres « valides d'aller besogner aux fortifications pour deux années, ou de s'occuper aux « œuvres publiques esquelles le prévôt des marchands et échevins les voudraient « employer, sous *peine de fouet* en cas de refus, ou s'ils sont trouvés mendiants. »

Cherté en 1567. — Un règlement de Charles IX du 4 février règle les mesures à prendre dans les villes pour en conjurer les conséquences. Ce règlement est renouvelé par Henri III en 1577, dans des circonstances semblables.

Les guerres religieuses de cette partie du seizième siècle, en exigeant des approvisionnements considérables pour les armées, mais surtout en dévastant les campagnes, amènent, encore plus que les perturbations atmosphériques, une nouvelle et cruelle disette en 1572 et 1573. Le mal devient tel, que le parlement, par un arrêt du 30 mai 1573, qui enjoint aux habitants de faire connaître leur approvisionnement, ne craint pas d'encourager la délation en assurant au dénonciateur la moitié des blés confisqués, en cas de fausse déclaration.

Le 1er juillet, la même cour ordonne à ses propres membres de déclarer au greffe de la police les quantités de blé en leur possession. La disposition de cet arrêt signale le fait, habituel en pareil cas, d'une affluence considérable de pauvres à Paris, mais surtout les difficultés qu'éprouvent les marchands à faire venir du blé à Paris, les voitures et bateaux étant pillés en route, et les mendiants ou voleurs infestant les grandes routes. On y trouve ce passage : «Un receveur de Nemours qui « avait pouvoir du Roy de faire emmener 100 muids de blé pour le plat pays de « delà *qui mourait de faim, vivant d'herbes comme les bestes*, à grande prière, en « a laissé ici 40 muids. »

Le mal s'aggravant, et Paris étant menacé de la peste, par suite des maladies épidémiques que faisait naître l'insuffisance de l'alimentation publique, le parlement fait un nouveau pas, et le plus hardi de tous peut-être, dans la voie des expédients désespérés. Il commence par remettre en vigueur les édits somptuaires, *sur la superfluité des habits et des banquets;* puis il *défend et déclare nuls tous achats de* « blé, vins et foins, ensemble les monopoles, déguisements et autres abus faits «esdits contrats.» Ce n'est pas tout : il ordonne que « dorénavant, tous les baux à «fermes des terres labourables, jusqu'à neuf ans et au-dessous, seront faits à grains «et non à prix d'argent; et que les baux à argent en cours d'exécution seront «réduits à grains pour le temps restant des dits baux. Et seront les fermiers con«traints par toutes voies dues et raisonnables, de continuer et entretenir les dits «baux jà faits à la réduction et raison que dessus; et les laboureurs qui ont accou« tumé de prendre à ferme d'argent, de les prendre et labourer à ferme de grain «raisonnable, sans qu'ils puissent être reçus à délaisser le labour et agriculture, «sous peine de tous dommages-intérêts, amende arbitraire et plus grande punition « s'il y échet.»

Ainsi, voilà la première cour souveraine du royaume intervenant dans les intérêts privés les plus sacrés, pour prescrire la violation des contrats en cours d'exécution, et apportant ainsi, dans toute l'étendue de sa vaste juridiction, la perturbation la plus profonde et la plus inique dans les relations des possesseurs et des cultivateurs du sol !

De pareils remèdes ne pouvaient qu'empirer le mal. Aussi le même parlement est-il obligé de prescrire au prévôt des marchands d'employer en achats de blés les fonds destinés aux fortifications qui s'élevaient alors autour de Paris, et de faire un emprunt (probablement forcé) aux bourgeois et habitants, pour venir au secours des pauvres.

Cherté en 1574. — Une ordonnance royale du 25 septembre interdit l'exportation des substances alimentaires.

En 1587, «les guerres civiles de la ligue attirèrent la disette des grains, par la « consommation qu'en faisaient les armées, et par *l'abandon presque total de la* « *culture des terres.* L'on fit des descentes dans les provinces pour en faire venir « des grains à Paris.» (Delamarre, *ibidem.*)

Un arrêt du 4 juillet, reconnaissant l'impuissance de la sagesse humaine à conjurer le fléau, ordonne «la descente de la châsse de sainte Geneviève et une proces«sion générale.»

Le 15 juillet, un autre arrêt, se fondant sur la nécessité de venir en aide aux pauvres, au nombre de 17,000 (*sic*), que la caisse de la ville ne peut secourir et qui meurent de misère dans les rues, ordonne que les bourgeois et manants feront une avance de trois années sur leur cotisation au profit des pauvres. Mais en même temps, la cour fait injonction aux pauvres valides, qui ne veulent aller à la moisson et préfèrent mendier, de quitter la ville dans les 24 heures, sous peine du fouet, et de se retirer « ès-lieux de leur nativitez.»

La dernière cherté de ce siècle eut lieu en 1596. Elle ne paraît pas avoir eu la même intensité que la précédente.

XVII° SIÈCLE.

Par une sorte de fatalité, difficile à comprendre aujourd'hui, au lieu de prodiguer les encouragements au commerce des blés, commerce si difficile, si onéreux, et même si dangereux en tout temps, mais surtout à cette époque, et qui seul cependant peut prévenir ou adoucir les chertés, nous allons trouver encore dans ce siècle, de la part du parlement et de l'autorité royale ou municipale, un luxe inouï de dispositions restrictives, essentiellement propres à accroître le péril ordinaire qui s'attache à ses opérations.

Une ordonnance du lieutenant civil du 8 janvier 1622, année de cherté, est une sorte de chef-d'œuvre dans ce genre. Tout ce qui peut décourager, éloigner la spéculation, y est soigneusement prévu. On ne s'y prendrait pas mieux pour affamer un pays. Défense de vendre au delà d'un certain prix; injonction de vendre dans un délai déterminé, sous peine de vente forcée ou rabais; défense d'acheter des blés dans certaines localités; défense de vendre ailleurs qu'au marché; défense aux boulangers de se présenter au marché avant une certaine heure et d'acheter au delà d'une quantité déterminée, etc., rien n'est oublié de tout ce qui peut écarter les marchands et empêcher l'approvisionnement par leurs soins.

Après un répit de deux années, la cherté reparaît en 1625 et se *prolonge jusqu'en* 1631. On voit en 1629 plusieurs parlements, indifférents aux souffrances des provinces voisines, interdire la sortie des blés dans toute l'étendue de leur ressort; et cela sans que l'autorité royale intervienne pour casser de pareils arrêts! L'exemple des parlements est suivi, la même année, par les diverses villes du royaume. L'instinct de la conservation écartant tout autre sentiment, on retient partout les blés; les marchands, les cultivateurs eux-mêmes, ne peuvent approvisionner les localités situées à une certaine distance, sans courir le risque d'être punis ou sans s'exposer aux violences populaires. La ville de Paris subit la première les conséquences de cette triste situation qu'aggravent encore les dispositions barbares de sa police des grains. Aussi, non-seulement la misère y est affreuse, mais encore l'ordre public n'y est que très-difficilement maintenu. Les vagabonds et les mendiants se livrent surtout aux plus graves désordres: « Des séditions, dit Delamarre, arrivent tous les jours de marché aux halles; tous les jours, soir et matin, on tue plusieurs personnes, faute par les commissaires des quartiers de faire rechercher les vagabonds. » Une assemblée a lieu au Châtelet; elle se compose d'un certain nombre de membres du parlement, du lieutenant civil, du lieutenant criminel et de quelques autres magistrats. Cette assemblée, après s'être fait rendre compte des besoins de chaque quartier, des dispositions déjà prises par l'autorité compétente pour y satisfaire, délibère sur les mesures à prendre pour arrêter les progrès de la famine. Tout à coup il se fait dans la délibération un trait de lumière qui aurait dû illuminer toute l'assemblée, et amener un changement radical dans l'esprit des règlements locaux sur la vente des grains; le lieutenant civil donne lecture d'une lettre d'un marchand de Soissons, qui se fait fort d'amener 15,000 muids de blé à Paris, *si la vente est déclarée libre!!* Mais le trait de lumière n'éclaire personne; l'offre n'attire que faiblement l'attention, et l'assemblée décide, d'une part, que des mesures plus sévères que jamais seront prises pour obliger les marchands à faire une déclaration exacte de leurs blés; de l'autre, que les vagabonds seront recherchés *et envoyés aux galères sans autre forme ni figure de procès.* Le président de la réunion, qui n'était autre que le premier président du parlement, va même jusqu'à émettre l'opinion : « que lorsqu'un vagabond est inscrit sur le livre rouge du Châtelet, et qu'il a été banni et flétri, *il ne faut point faire difficulté de le faire pendre.* »

En 1631, des lettres-patentes du 30 septembre, motivées par le fait que la récolte paraît ne pas être abondante, défendent l'exportation et *autorisent le transport de province à province.* C'est pour la première fois que cette disposition apparaît dans la minutieuse analyse que Delamarre nous a laissée des mesures législatives provoquées par la cherté. Elle indique l'existence, déjà à cette époque, de lignes de douane à l'intérieur, lignes qui ne pouvaient être momentanément supprimées que par une décision royale.

En 1643, un arrêt du conseil interdit l'exportation, et cette fois non plus seulement sous peine de confiscation des denrées et des bâtiments, mais encore pour la première fois, *sous peine de mort !* Un autre avis motivé « sur ce qui a été démontré que la nécessité des grains est grande dans la plupart des provinces de ce royaume », interdit aux marchands de *faire des amas.*

Un autre arrêt du 4 septembre 1649 interdit de nouveau l'exportation *sous peine de vie,* mais autorise le transport de province à province.

En 1660 le prix des blés s'élève rapidement. Selon l'usage, l'autorité attribue cette hausse aux spéculations des marchands de blé, et par ses ordres, des commissaires du Châtelet se rendent dans les diverses localités où la délation a fait connaître l'existence de magasins, les font ouvrir, s'emparent des grains, souvent au mépris des oppositions et saisies pratiquées par les créanciers, et les expédient sur Paris pour y être vendus au-dessous du cours. Quant aux marchands, ils sont arrêtés et mis en prison, *pour le procès leur être fait et parfait.* Après avoir raconté longuement et avec un vif sentiment d'approbation, ces attentats violents à la propriété, Delamarre, président lui-même au Châtelet, conclut par ces mots: *Et la cherté cessa avec la disette.* A Paris peut-être et momentanément; mais au dehors ?

En 1661, un arrêt du conseil du roi, du 2 décembre, renouvelle l'autorisation du transport des grains de province à province. La cherté s'aggravant à Paris, des commissaires sont expédiés dans les provinces pour faire venir des blés, de gré ou de force. Ces commissaires rencontrent de vives résistances de la part des autorités locales, chargées, elles aussi, de pourvoir à la subsistance de leurs administrés, dont la misère est profonde. Un arrêt du conseil du 30 août ordonne alors « que les blés achetés pour la provision de la ville de Paris, seront amenés et voiturés en icelle, sans avoir égard aux défenses des juges et officiers des provinces pour empêcher l'enlèvement. » (1)

En 1662, la famine éclate avec toutes ses horreurs. Il faut lire dans des pièces originales, reproduites par M. P. Clément dans son *histoire de la vie de Colbert* et signées de témoins oculaires des plus honorables, les détails des indicibles souffrances des populations de certaines villes, mais surtout des populations rurales. Les provinces du nord de la Loire furent particulièrement atteintes : *la mortalité y enleva des villages entiers.*

A Paris, malgré des efforts extraordinaires et des dépenses énormes pour approvisionner le marché, le prix du pain s'éleva, d'après Delamarre, à 8 sols la livre, soit environ 21 sous de notre monnaie. Ce seul fait donne une idée du prix qu'il dut atteindre dans les provinces. « .... La moisson était encore éloignée, dit Delamarre, et la calamité publique se faisait sentir de tous les côtés. Mais le roi avait « fait acheter une quantité considérable de blés à Dantzick et ailleurs dans l'extré- « mité de l'Europe; S. M. y envoya jusqu'à 2 millions de livres. La flotte qui était « chargée de ces grains arriva dans nos ports en avril 1672, et Paris (toujours Paris, « la province jamais) s'en trouva à l'instant secouru. » (Delamarre, *ibidem.*)

Cet allégement ne fut d'ailleurs que de courte durée, si l'on en juge par les détails que Delamarre donne, en quelque sorte malgré lui (2), sur les tristes effets de la misère à Paris: « Il *parut* (le mot est heureux) dans ce même temps, que la mau- « vaise nourriture que le pauvre peuple avait prise pendant ces deux dernières années « de disette, causait plusieurs maladies dangereuses, et qu'il était à craindre que le « mal n'augmentât »; et plus loin: « .... on craignait la peste par suite des maladies « occasionnées par l'insuffisance de la nourriture. »

L'avocat général Turon s'exprime ainsi dans une requête au roi: « Cette grande « disette de blés cause dans la ville quantité de malades, dont plusieurs meurent « journellement.... Il faudrait purger les *prisons* des malades qui y sont en grand « nombre et particulièrement le grand Châtelet, où il y en a grandes quantités,

---

1. A Nogent-sur-Seine, le substitut du procureur général du roi, touché de l'effroyable misère qui régnait dans cette ville, avait fait arrêter un bateau chargé pour Paris et distribuer le contenu aux habitants.

2. Delamarre, qui écrivait au second quart du dix-septième siècle, fait les plus grands efforts pour dissimuler les déplorables conséquences des mesures prises à cette époque contre la cherté, et auxquelles il a été personnellement associé comme magistrat.

« quoique ces prisons soient fort petites et malsaines.» Ainsi, faute d'hôpitaux, on entassait les malades dans les prisons.

Dans une assemblée au Châtelet, un membre (et son nom mérite d'être reproduit), M. D'Aubray, lieutenant civil, propose d'essayer du régime de la liberté absolue du commerce des blés et de la vente du pain, dont il démontre les avantages avec une grande autorité de raison. Sa proposition est adoptée, mais seulement en ce qui concerne la suspension de la taxe du pain et du monopole de la boulangerie. Toutefois on ne laisse pas à ces deux mesures libérales le temps de produire leur effet; intimidée par les cris des pauvres et aussi par l'empressement des boulangers à profiter de la liberté qui leur est accordée pour surhausser le prix de leur pain, l'autorité s'empresse de revenir aux anciens règlements qu'elle aggrave par de nouvelles rigueurs.

La récolte de 1663 est médiocre; aussi la baisse des prix ne se fait-elle que très-lentement.

Interdiction de l'exportation par un arrêt du conseil du 16 mai 1679.

Des pluies diluviennes, des débordements, puis au printemps des gelées excessives compromettent la récolte de 1684. «On est menacé, dit Delamarre, d'une sté« rilité universelle. Dès le mois d'avril, le prix du blé est porté de 14 à 24 livres, et « peu après à 10 écus. Mais le roi avait fait acheter des blés en Barbarie et autres « lieux.» Ces blés, *amenés à Paris*, furent vendus au-dessous du prix d'achat; et « alors, continue Delamarre, l'abondance fut rétablie, et le bon marché à proportion.»

Cette abondance ne fut pas telle toutefois, que la cherté n'ait exercé une influence sensible sur la mortalité. Nous voyons, en effet, dans un tableau officiel du mouvement annuel de la population de la ville de Paris de 1670 à 1821 (1), le chiffre des décès qui avait été en moyenne, dans les deux années précédentes, de 17,500, s'élever, en 1684, *pour les neuf premiers mois seulement* (2), à 18,737.

Nouvelle prohibition de la sortie des grains en 1687.

Une disette très-intense, résultant de l'insuffisance de la récolte, se déclare en 1692. «....Après la moisson, le froment est porté jusqu'à 24 livres le septier et les « au'res grains à proportion, et le prix alla toujours en augmentant,» (Del.). Un arrêt du conseil du 13 septembre interdit l'exportation. Des désordres graves éclatent sur le marché et à la porte des boulangers. Le 18 décembre, deux individus, convaincus d'avoir fait partie d'une bande qui avait pillé une boutique de boulanger, sont condamnés à *être pendus*; deux autres sont envoyés aux galères. Nous n'avons pas de document officiel sur la mortalité dans le cours de cette année (3); mais elle dut être considérable, si l'on en juge par le renseignement suivant donné par Delamarre. «....Nous n'entrerons pas dans le détail de tous les mouvements qui paru« rent alors, et jusqu'à *la moisson de 1694*, des commencements d'émotions popu« laires, *des cris et des gémissements des pauvres* qui se trouvèrent, par le dénom« brement qui en fut fait au mois de mars 1694, au nombre de 3,420 mendiants. « Pendant l'année, il était entré à l'Hôtel-Dieu 36,707 malades, dont 5,412 étaient « morts.» (4)

La cherté continue et passe à l'état de famine en 1693. Les provinces sont le théâtre d'attroupements séditieux ayant surtout pour but d'arrêter les grains qui se dirigent sur Paris. La force armée envoyée pour les dissiper, est repoussée; le sang coule sur plusieurs points. A Paris, les mesures les plus extraordinaires sont prises pour assurer l'approvisionnement. Malheureusement, comme toujours, les blés disparaissent en raison même des efforts de l'autorité pour les attirer. D'un autre côté, le nombre des mendiants s'accroît, malgré des expulsions en masse, dans des proportions alarmantes. Le parlement ordonne alors l'ouverture d'ateliers de charité où sont admis les indigents valides des deux sexes de plus de douze ans.

La sollicitude du gouvernement se porte enfin sur la province où le mal a atteint

---

1. Ce document se trouve dans le 2º volume des *Recherches statistiques sur la ville de Paris*, publiées par la préfecture de la Seine.

2. Les trois autres manquent.

3. Le tableau du mouvement de la population à Paris contient une lacune de 1685 à 1708.

4. Le nombre moyen annuel des admissions était de 16,000 environ à cette époque.

des proportions effrayantes. Une ordonnance du roi du 5 septembre « commet dans « toutes les villes et autres lieux, des personnes de probité qui visiteront les fermes, « abbayes, couvents, communautés religieuses et maisons, et dresseront un état « de ce qui s'y trouve en blé. Une moitié de ces blés devra être portée aux marchés « voisins, pour y être vendue au prix courant, sans qu'elle puisse être remportée « sous quelque prétexte que ce puisse être.» Un arrêt du parlement limite la fabrication de la bière aux provinces de Flandres, Hainaut et Artois, et interdit la fabrication de l'eau-de-vie de grain. Un autre arrêt supprime: 1° tous droits à l'importation; 2° les droits d'entrée, d'octroi, de péage, au profit du roi, des pays d'états, des villes ou communautés et des seigneurs, sur les blés transportés de province à province. En même temps, tout rassemblement tumultueux et toute violence contre les boulangers sont interdits, *à peine de vie*. Beaucoup de cultivateurs ayant résolu, pour pouvoir soutenir leur famille, de consommer jusqu'aux grains destinés à la semence, un arrêt du conseil du 13 octobre 1693 enjoint « à tous laboureurs d'en- « semencer leurs terres, sinon permet à toutes sortes de personnes de les ensemen- « cer sans en payer aucuns loyers, ni autres redevances.» Un arrêt du conseil établit un rôle des pauvres dans chaque paroisse, ordonne une cotisation obligatoire pour leur entretien et prescrit l'ouverture de nouveaux ateliers de charité, particulièrement pour les femmes et les enfants. En même temps, le parlement fulmine de nouveaux arrêts contre les mendiants valides, auxquels il enjoint de se retirer au lieu de leur naissance, sous peine d'être enfermés à l'hôpital général pour la première fois, et, en cas de récidive, *de servir comme forçat sur les galères de Sa Majesté pendant 3 ans*. Ces arrêts restent sans exécution.

La famine ayant poussé quelques malheureux à manger *les blés encore verts*, un arrêt du parlement, du 28 mai 1694, prescrit la nomination, dans chaque paroisse, d'un certain nombre de messiers chargés de veiller à la conservation des récoltes.

Paris était toujours l'objet de la principale préoccupation du gouvernement; au mois d'octobre 1693, des fours installés au Louvre livrent cent mille livres de pain par jour, qui sont vendus au peuple sur le pied de *deux sols* la livre. Les pauvres ne pouvant l'acheter même à ce prix, un arrêt du conseil substitue au système des ventes à bas prix, une distribution de 120,000 livres en argent par mois. A la même époque, des commissaires avaient été envoyés dans les provinces pour fouiller les greniers, faire porter aux marchés, diriger sur Paris les plus grandes quantités possibles de grains, et instruire sommairement *contre les monopoleurs*.

Boulainvilliers, dans son *État de la France*, et Expilly, dans son *Dictionnaire des Gaules*, citent quelques exemples de la mortalité extraordinaire due à la famine de 1693-1694. D'après le premier, la généralité de Pau aurait vu mourir de misère, 6,000 personnes sur 198,000. Parlant du dénombrement de la généralité de Moulins, par l'intendance, en 1696, Expilly s'exprime ainsi : « Lorsque le recensement fut fait, la généralité avait perdu au moins un cinquième de ses habitants par la famine de 1694.»

Des pluies extraordinaires, en juillet et en août, compromettent la récolte de 1698, et les prix atteignent presque aussitôt un taux très-élevé. Aux premiers symptômes de la cherté, le conseil du roi et le parlement renouvellent toutes leurs rigueurs contre les détenteurs de blé, que des commissions extraordinaires envoyées dans les provinces poursuivent avec une rigueur inouïe.

XVIII° SIÈCLE.

Les pluies de l'automne 1708 et les froids excessifs de l'hiver, en détruisant une grande partie des semences confiées à la terre, suscitent les inquiétudes les plus vives sur le résultat de la prochaine récolte. Les dispositions suivantes, entièrement nouvelles, de la déclaration du roi du 27 avril 1709, attestent combien ces inquiétudes étaient fondées. Elle *permet* de ressemer les terres inondées ou dont les semences ont été détruites par les gelées, et concède un privilège « au prêteur des semences,» jusqu'à concurrence de la valeur du prêt, par préférence aux propriétaires et aux seigneurs censiers ou fonciers. Elle interdit la saisie des grains, même pour la taille et autres deniers royaux, jusqu'au 31 décembre. Une seconde déclaration du 11 juin interdit d'élever, en 1710, la taille de ceux qui ensemenceront leurs terres en 1709, et permet aux créanciers d'ensemencer les terres de leurs débiteurs, sur le refus de ceux-ci de le faire. En l'absence de créanciers, la même autorisation est accordée à toute personne, et *les fruits doivent appartenir en totalité* à celui qui aura ensemencé. Il est défendu aux propriétaires et aux créanciers de faire saisir le bétail ou le matériel agricole de ceux de leurs fermiers ou débiteurs qui voudront continuer la culture de leurs terres. Enfin, le droit de chasse est suspendu sur les terres ensemencées jusqu'après la récolte.

A Paris, un arrêt du parlement rétablit la taxe des pauvres et l'on remarque pour la première fois que les exempts de la taille doivent être imposés, mais seulement dans le rapport des deux tiers de leur revenu dans la paroisse. Les commissions extraordinaires, nommées habituellement en temps de disette pour juger les contraventions aux règlements sur le commerce des blés, sont autorisées, également pour la première fois, *à juger en dernier ressort.* Une troisième déclaration, du 20 juillet, permet aux propriétaires : 1° sur le refus des fermiers de continuer la culture des terres qu'ils ont prises à bail, de les faire cultiver à leurs frais; 2°. de saisir entre leurs mains les blés nécessaires aux semences, et même, au besoin, les récoltes pendantes.

Inutile de dire que tous les édits, arrêts et règlements sur le commerce et la police des grains, sont renouvelés avec un redoublement de sévérité. On remarque notamment l'obligation imposée aux cultivateurs de déclarer leur récolte avant d'en avoir disposé, ainsi que *les quantités de terres à ensemencer,* sous peine de galères pour les hommes, à temps ou à perpétuité, et pour les femmes, de bannissement, *et même de mort, s'il y échet.* » (Décl. du 25 juin.)

La récolte étant restée au-dessous des prévisions même les moins favorables, on voit se renouveler ce drame terrible de la famine, dont nous avons déjà indiqué les effrayantes péripéties en 1629, en 1662, en 1692, etc. Une déclaration du 29 octobre décrète une imposition extraordinaire dans Paris: «Pour le produit en être employé en achats de blés pour cette ville.» Cette mesure et toutes celles que peuvent suggérer au gouvernement sa vive sollicitude pour la capitale sont insuffisantes pour assurer un approvisionnement régulier, et, sous l'influence de la misère, la mortalité, qui, dans les années ordinaires, ne dépasse pas de 15 à 17,000, s'élève à 29,288. Elle est encore de 23,389 en 1710.

Les naissances diminuent dans une proportion sensible. De 16,000, chiffre moyen annuel, leur nombre descend, en 1710, à 13,634; c'est une diminution d'un cinquième. Il est vrai que celui des mariages tombe de 4,500, moyenne annuelle, à 3,047 en 1709, et 3,382 en 1710.

Les auteurs que nous consultons constatent encore des chertés, et même des disettes, sinon des famines, en 1723; en 1725, année où les pluies détruisent une partie des récoltes, et le prix du blé s'élève au triple de son taux normal; en 1736; en 1740, où une déclaration du roi signale l'*existence de mauvaises récoltes depuis plusieurs années;* en 1754, où, pour la première fois, le gouvernement dispense de toute permission le transport des blés de province à province; en 1761, année pendant laquelle le gouvernement fait acheter des blés à l'étranger, et avance des sommes considérables à plusieurs provinces pour les mettre en mesure d'effectuer les mêmes achats.

La cherté de 1775-1776 mérite une mention spéciale. On voit, cette année pour la première fois, le gouvernement accorder des primes à l'importation, exempter de tous droits de fret les navires importateurs français ou étrangers, et suspendre la perception des droits d'octroi et de marché sur les grains dans toutes les villes, Paris et Marseille exceptés. Ces mesures, combinées avec les avantages résultant du libre commerce des blés, ne pouvaient cependant produire une baisse immédiate.

D'un autre côté, le commerce averti peut-être un peu tard et ne disposant d'ailleurs, à cette époque, que de ressources limitées, avait besoin de quelques mois pour effectuer ses achats. Dans l'intervalle, les prix s'élèvent sans relâche et provoquent des troubles d'une extrême gravité. Dans les provinces, des bandes de paysans affamés se livrent aux plus graves désordres, incendient, dans un incroyable égarement, les blés, les farines et les moulins. L'émeute, menaçante, se porte même jusque sous les fenêtres du roi, à Versailles. A Paris, les boutiques des boulangers sont pillées, et le marché envahi par une foule furieuse. C'est à cette disette que Moheau fait allusion, lorsqu'il dit : « J'ai vu le dernier période de la misère; j'ai vu « la faim transformée en passion, l'habitant d'un pays sans récolte, errant, égaré par « la douleur, et dépouillé de tout, envier le sort des animaux domestiques, se ré- « pandre dans les prés pour manger l'herbe et partager la nourriture des animaux « immondes... D'un bout du royaume à l'autre, un cri national s'est élevé sur le « manque d'aliment, et il n'est presque aucune ville, aucune province, dont la sub- « sistance n'ait été compromise » (*Rech. sur la popul.* 1778). Cette disette ne fut pas heureusement de longue durée; l'arrivée des blés achetés par le commerce, les mesures prises pour assurer la libre circulation des grains à l'intérieur, firent bientôt sentir leur salutaire influence, qu'accrut encore la perspective d'une récolte satisfaisante. Toutefois les souffrances avaient été cruelles. A Paris, les décès, de 16,061, en 1774, s'étaient élevés à 18,662, en 1775, et à 19,966 en 1776. Et cependant, grâce aux sacrifices du gouvernement, les prix y avaient été, comme toujours, bien moins élevés que dans les provinces.

La récolte de 1788 est insuffisante; le prix du blé s'élève jusqu'à 50 livres le setier.

Par un regrettable oubli des principes posés par Turgot dans la mémorable déclaration de 1774, M. Necker ordonne des achats considérables à l'étranger, et renouvelle ainsi cette concurrence doublement funeste pour le consommateur et pour le Trésor, que la plupart des gouvernements qui l'ont précédé n'ont cessé de faire au commerce. Revenant ensuite aux plus fâcheux errements de ces mêmes gouvernements, il envoie dans les provinces des commissaires chargés de visiter les greniers ou magasins, et de faire conduire de gré ou de force les grains au marché, en ayant soin, avant tout, d'en diriger la plus grande partie possible sur Paris.

Cet expédient n'avait pas seulement pour résultat immédiat de favoriser, comme toujours, la dissimulation des blés, et, par conséquent, d'arrêter l'approvisionnement des marchés; à l'époque à laquelle nous sommes arrivés, c'est-à-dire, au milieu des mouvements révolutionnaires dont le pays commençait à être le théâtre, il faisait naître deux dangers très-graves. D'abord il poussait jusqu'à l'hostilité la jalousie, la malveillance instinctives des provinces contre Paris, et provoquait, en outre, à la haine du gouvernement, dont la sollicitude un peu trop exclusive peut-être pour la capitale, apparaissait ainsi à tous les yeux. Le second danger, dont les troubles sanglants de 1775 avaient donné la mesure, consistait à faire croire aux accaparements, par conséquent, aux accapareurs, et à soulever contre les détenteurs de blé à un titre quelconque, des haines redoutables.[1]

C'est sur ces entrefaites que se réunissent les états généraux. La cherté, les moyens d'y remédier, sont tout d'abord l'objet de leurs préoccupations. Mais au moment où les divers ordres, séparés d'abord, puis réunis bientôt en une seule assemblée, confient à des commissions l'étude de ces moyens, des désordres d'une violence encore inconnue éclatent dans les provinces. D'abord la circulation des grains est partout compromise; sur toutes les routes, les convois de blés, surtout ceux qui se dirigent sur Paris, sont livrés au pillage. Bientôt, sur un mot d'ordre parti probablement de Paris, où les plus mauvaises passions se sont déjà donné rendez-vous, et où une poignée d'hommes, futurs coryphées de 1793, croit accélérer le triomphe des idées révolutionnaires en semant le deuil et la désolation dans le pays tout entier, des bandes armées se lèvent en quelque sorte simultanément de

---

1. Les ennemis de M. Necker ont prétendu que cette cherté était factice, qu'elle n'eut d'autre cause que la publicité qu'il donna à ses appréhensions et à des achats de grains au dehors. La vérité est que les froids excessifs de l'hiver de 1789, pendant lequel le thermomètre descendit à 17 degrés Réaumur à Paris, des grêles fréquentes en juin et juillet, compromirent très-gravement la récolte.

toutes parts et commencent le pillage, puis l'incendie des châteaux. «De tous côtés, dit Dupont de Nemours, dans la séance de l'Assemblée nationale du 5 août 1789, on se plaint d'entreprises contre les personnes et les propriétés par des brigands qui courent les provinces.» Le *Moniteur* lui-même (n° du 7 août) donne sur les méfaits de ces bandes les nouvelles les plus alarmantes.

Le 30 juin, une émeute formidable éclate à Paris; une multitude égarée pille les boulangers, envahit le marché, et pousse des cris de mort contre les accapareurs. Après quelques mois d'un calme apparent, mais qu'elle emploie à s'organiser, l'émeute reparaît tout à coup, plus nombreuse, plus formidable, et accomplit, grâce à la faiblesse, à l'insuffisance ou à la connivence de la force armée, ces funestes journées des 5 et 6 octobre, où l'on voit la royauté franchir la première étape qui la sépare de l'échafaud.

Vainement l'assemblée accumule décret sur décret pour assurer la circulation des grains, pour punir les incendiaires et les assassins qui sèment la terreur dans les provinces, pour encourager l'importation par des primes, pour empêcher l'exportation, ses efforts et ceux du gouvernement restent impuissant; et un jour, les ministres, à bout de ressources et d'expédients, viennent lui déclarer qu'ils «déclinent la responsabilité de l'approvisionnement de Paris.»

La cherté continue en 1790 et 1791, en grande partie par le fait des entraves apportées à la circulation des grains. L'assemblée met successivement à la disposition du gouvernement des sommes considérables pour venir en aide aux départements nécessiteux et faire des achats de grains à l'étranger. Le mal s'aggrave en 1792; aux causes d'enchérissement déjà connues viennent s'ajouter la sortie ou l'enfouissement du numéraire, la prompte dépréciation des assignats, les énormes approvisionnements exigés par la guerre, les bras qu'elle enlève à la culture, les violentes et continuelles déclamations de la tribune contre les *accapareurs* et les marchands de blé, et bientôt, enfin, la fatale mesure du *maximum*. Des ateliers de charité s'organisent de toutes parts, grâce aux sacrifices de l'État, des départements, des communes et des particuliers; mais ces faibles palliatifs n'arrêtent pas un instant la marche du fléau; et, le 6 février 1792, le ministre Roland vient déclarer à l'assemblée que *la situation est alarmante.*

Nous arrêterons ici ce lamentable récit, pour nous borner à rappeler que la cherté qui eut, de 1792 à 1795, le caractère d'une véritable famine[1], ne cessa complétement que dans la seconde année du Consulat, après avoir exercé sur les crimes de la période révolutionnaire, une influence à laquelle les historiens n'ont pas, selon nous, donné un relief suffisant.

Bien que, par suite des sacrifices extraordinaires de la Convention, le pain ait été à bas prix à Paris, pendant la plus grande partie de la crise révolutionnaire[2], ce-

---

1. On lit dans les considérants d'un projet de règlement sur le commerce des bestiaux soumis à la Convention, le 24 juin 1795, au nom du Comité de salut public : «... convaincu de la nécessité d'ar-«rêter le surhaussement effrayant de la viande qui déjà coûte à la nation 12 francs la livre, et qui «bientôt lui en coûtera 18 à 20,.....»

Le 31 mars, Lecointre de Versailles conjure la Convention «de prendre enfin des mesures pour em-«pêcher qu'on vende le pain 25 sols la livre (monnaie métallique) au palais Égalité; de 20 à 25 sols à «Versailles; de 30 à 40 sols à Lyon.» — Le 24 avril, Piette déclare, à la tribune, que la hausse des subsistances et la misère générale n'ont plus de limites. «J'ai vu, dit-il, des infortunés obligés de «manger l'herbe des champs, des racines d'arbustes.» — Le 24 octobre, Hardy donne lecture d'une lettre de Rouen qui apprend «que les députés nommés par cette ville pour le Corps législatif refusent «d'accepter; que les administrateurs font de même, parce qu'ils ne peuvent, disent-ils, *administrer* «*un peuple qui meurt de faim.* — Il est à ma connaissance, ajoute Hardy, que, depuis deux ans, les «habitants de cette ville sont réduits à 4 onces de pain par jour. Cette commune n'a aucun moyen de «s'approvisionner et déjà une maladie contagieuse y règne. ....»

2. Dans un rapport de Boissy d'Anglas, au nom du Comité de salut public, sur les subsistances de Paris, on remarque cette phrase : «Habitants de Paris, pourriez-vous réclamer le moindre superflu, «quand vos frères manquent souvent du nécessaire?... Vous ne payez le pain *que 3 sols*, et presque «partout on le paie plus de 20 sols!...»

Dans son livre sur les *finances de la République* en l'an X, Ramel parlant d'une émission de 48 milliards d'assignats, signale parmi les nécessités de la situation celle qui consistait à mettre la commune de Paris en mesure de donner *presque pour rien* à tous ses habitants indistinctement, riches ou pauvres, un pain qui coûtait à l'État *huit sols* la livre, valeur métallique.

pendant la cherté s'y est manifestée par un accroissement sensible de la mortalité. Le nombre des décès, de 17,952 en 1791, s'élève tout à coup, pour les neuf premiers mois seulement de 1792, à 17,416; pour l'année 1793, à 21,167; pour 1794, à 30,388; pour 1795, à 26,078; pour 1796, à 27,779. Si, d'une part, il faut tenir compte de l'accroissement dont la population de Paris devait être l'objet, à cette époque, par suite des immigrations provoquées par le bas prix du pain; de l'autre, il est de notoriété publique qu'à Paris, comme dans le reste de la France, la tenue des registres de l'état civil, pendant la période révolutionnaire, a été l'objet des plus graves négligences et par conséquent de nombreuses omissions.

Cette influence de la cherté sur la mortalité, à Paris, a été, pour la période 1724 à 1763, l'objet d'une étude intéressante et peu connue de Messance dans ses *Recherches sur la population*. Les nombreux documents qu'il a réunis à ce sujet tendent à démontrer que le haut prix du blé a presque toujours coïncidé avec une élévation sensible du chiffre des décès. Voici les résumés de ces documents divisés en deux périodes, comprenant l'une les années 1724 à 1743; l'autre les années 1744 à 1763.

PREMIÈRE PÉRIODE.

ANNÉES DE CHERTÉ.		ANNÉES DE BAS PRIX.	
PRIX MOYEN du septier de blé (156 litres), à Paris, dans les années 1724, 27, 29, 34, 38, 39, 40, 41, 42 et 43.	MORTALITÉ MOYENNE dans les mêmes années.	PRIX MOYEN du septier dans les années 1725, 26, 28, 30, 33, 33, 35 et 37.	MORTALITÉ MOYENNE.
21 liv. 10 sols.	21,171	17 liv. 5 sols 5 den.	11,529

DEUXIÈME PÉRIODE.

ANNÉES DE CHERTÉ.		ANNÉES DE BAS PRIX.	
PRIX MOYEN du blé dans les années 1748, 49, 53, 54, 55, 57, 58, 60, 61 et 63.	MORTALITÉ MOYENNE.	PRIX MOYEN du blé dans les années 1744, 45, 46, 47, 50, 51, 52, 56, 59 et 62.	MORTALITÉ MOYENNE.
18 liv. 10 sols 6 den.	19,013	16 liv. 17 sols 6 den.	17,543

L'auteur examine ensuite si les années des décès les plus nombreux coïncident toujours avec les années des prix les plus élevés et réciproquement; mais il n'arrive pas, sous ce rapport, à une affirmation absolue. On comprend, en effet, que des épidémies, indépendantes de la cherté, peuvent exercer sur la mortalité une influence très-sensible. Toutefois il constate qu'un grand nombre de décès coïncide toujours avec un prix élevé du blé.

Le tableau suivant résume ses recherches sur ce point :

ANNÉES DU PLUS GRAND NOMBRE DES DÉCÈS.					ANNÉES DU MOINS GRAND NOMBRE DES DÉCÈS.				
ANNÉES.	DÉCÈS.	PRIX DU SEPTIER.			ANNÉES.	DÉCÈS.	PRIX DU SEPTIER.		
		LIV.	SOLS.	DEN.			LIV.	SOLS.	DEN.
1753	21,716	20	3	9	1744	16,205	11	15	»
1754	21,724	19	5	»	1745	17,322	12	1	3
1755	20,021	14	16	3	1751	16,673	19	13	9
1757	20,120	22	»	»	1756	17,236	16	3	9
Moyennes.	20,895	19	1	3	Moyennes.	16,839	14	8	5

On voit que, pour l'année 1757 seulement, le plus grand nombre des décès ne coïncide pas avec le prix le plus élevé du blé.

Il ne paraît pas, d'ailleurs, exister un rapport étroit entre les années des moindres décès et celles du moindre prix du blé.

En continuant les recherches de Messance jusqu'en 1788, M. le docteur Melier, dans un excellent mémoire lu à l'académie des sciences en 1738, a constaté les résultats analogues que nous résumons ci-après :

PÉRIODE DE CHERTÉ.			PÉRIODE DE BAS PRIX.	
PRIX de l'hectolitre de blé dars les années de cherté re'ative 1768, 69, 70, 71, 73, 74, 75, 76, 84 et 88.	MORTALITÉ MOYENNE ANNUELLE		PRIX de l'hectolitre dans les années 1757, 58, 59, 61, 62, 63, 64, 65, 66 et 80.	MORTALITÉ MOYENNE.
	dans l'année même de la cherté.	dans l'année suivante.		
15ᶠ91ᶜ	19,370	19,054	9ᶠ74ᶜ	18,986

La différence entre les deux mortalités est plus sensible si, pour la même période, on en rélève le chiffre dans les années de la plus grande et de la moindre cherté.

PÉRIODE DE GRANDE CHERTÉ.			PÉRIODE DE TRÈS-BAS PRIX.	
PRIX DU BLÉ DANS LES ANNÉES 1768, 70, 71 et 75.	MORTALITÉ MOYENNE		PRIX DU BLÉ DANS LES ANNÉES 1761, 62, 63 et 64.	MORTALITÉ MOYENNE.
	dans la première année de la cherté.	dans la seconde année.		
17ᶠ21ᶜ	19,741	19,870	8ᶠ48ᶜ	18,760

Selon Messance, le chiffre de la mortalité n'est pas le seul indice des souffrances d'une population dans les années de cherté; il en existe un autre bien plus significatif encore dans le nombre des malades admis aux hôpitaux pendant les mêmes années.

Voici l'analyse des documents qu'il a réunis sur ce point:

PREMIÈRE PÉRIODE, DE 1739 À 1743.

ANNÉES DE CHERTÉ.			ANNÉES DE BAS PRIX.		
PRIX du septier de blé en 1739, 40, 41 et 42.	NOMBRE MOYEN ANNUEL		PRIX du blé en 1738, 34, 35 et 43.	NOMBRE MOYEN ANNUEL	
	des malades admis.	des décès.		des malades admis.	des décès.
26 liv. 4 s. 11 d.	26,080	6,704 ou 1 décès sur 3.89 admis.	12 liv. 15 s. 4 d.	17,930	3,727 ou 1 décès sur 4.84 admis.

DEUXIÈME PÉRIODE, DE 1744 À 1763.

ANNÉES DE CHERTÉ.			ANNÉES DE BAS PRIX.		
PRIX du blé en 1749, 52, 53, 54, 57, 59, 60, 61, 62 et 63.	NOMBRE MOYEN ANNUEL		PRIX du blé en 1744, 45, 46, 47, 48, 50, 51, 55, 56 et 58.	NOMBRE MOYEN ANNUEL	
	des malades admis.	des décès.		des malades admis.	des décès.
19 liv. 4 s. 11 d.	23,352	4,841 ou 1 décès sur 4.82 admis.	16 liv. 3 s. »	18,839	4,263 ou 1 décès sur 4.42 admis.

Ici les faits sont concluants: dans la première période où se rencontrent, il est vrai, des années de très-grande cherté, les admissions s'accroissent de près de moitié (45 p. %). Le rapport des décès aux admissions s'élève à près du quart (24 p. %). On constate des résultats analogues, mais naturellement moins sensibles, dans la deuxième période où la cherté est moins sensible. Cependant si, même dans cette période, on choisit, pour les grouper, les années de la plus grande et de la moindre cherté, on trouve encore que l'influence des hauts prix est très-sensible sur les admissions et la mortalité.

PRIX du blé dans les années 1753, 54, 60 et 63.	NOMBRE MOYEN ANNUEL		PRIX du blé dans les années 1744, 45, 46 et 47.	NOMBRE MOYEN ANNUEL	
	des admissions.	des décès.		des admissions.	des décès.
18 liv. 15 s. 7 d.	23,696	5,140 ou 1 décès sur 4.61 admis.	13 liv. 10 s. 9 d.	19,040	3,925 ou 1 décès sur 4.34 admis.

Ainsi l'accroissement des admissions dans les années de plus grande cherté est de plus du tiers (39 p. %), et l'accroissement du rapport des décès aux admissions d'un peu plus de 6 p. %.

Messance a constaté des résultats analogues à Londres de 1736 à 1752. Le tableau ci-après en contient l'analyse :

PÉRIODE DE CHERTÉ.		PÉRIODE DE BAS PRIX.	
PRIX MOYEN du quarter de blé dans les années 1736, 37, 40 et 41.	NOMBRE moyen annuel des décès.	PRIX MOYEN du quarter dans les années 1744, 45, 51 et 52.	NOMBRE moyen annuel des décès.
47 liv. 17 s. 6 d.	29,596	36 liv. 19 s. 2 d.	20,853

Ces résultats sont aussi concluants que ceux qui précèdent.

CHERTÉS DU XIXe SIÈCLE.

Sur les cinquante-neuf années déjà écoulées de ce siècle on compte six périodes de cherté. Mais, sur ces six périodes, quatre seulement méritent véritablement ce nom ; et enfin sur ces quatre, une seule, celle qui comprend les années 1854-57, a provoqué, dans le mouvement normal de la population, une perturbation dont on ne saurait méconnaître la gravité.

L'influence des autres chertés sur le nombre des naissances, des mariages et des décès, quoique bien moins sensible, mérite cependant d'être étudiée. Elle montre, en effet, dans quelle mesure le prix des subsistances accélère, ralentit ou arrête même complétement le progrès de la population.

Nous allons résumer le plus succinctement possible les résultats de cette curieuse étude.

Première période (1801, 1802, 1803). — Le prix moyen de l'hectolitre de blé s'élève de 20 fr. 34 c. en 1800, à 23 fr. 76 c. dans les deux autres années. Le nombre moyen des décès, qui n'avait été que de 731,203 en 1800, atteint le chiffre énorme de 840,514 en 1802-1803. Celui des mariages et des naissances n'offre que des oscillations d'une faible importance et ne paraît pas, par conséquent, avoir subi l'influence de la cherté. Nous serions tenté d'en conclure que cette mortalité exceptionnelle, bien que les documents statistiques soient muets sur ce point, est plutôt due à une épidémie qu'à l'effet de la cherté. Nous allons voir en effet que lorsque, sous l'influence des hauts prix, le nombre des décès s'élève notablement, le chiffre des mariages et des naissances subit toujours une diminution correspondante.

Deuxième période (1811, 1812, 1813). — 1811 fut une année calamiteuse. Une sécheresse brûlante, succédant à de brusques variations de température, tarit presque toutes les sources, suspendit le cours de plusieurs rivières, et porta une atteinte irrémédiable à la récolte. En 1812, malgré les efforts extraordinaires du gouvernement pour assurer, par des achats extraordinaires, non plus cette fois l'approvisionnement de Paris seulement, mais encore celui des régions les plus gravement atteintes, le prix moyen du blé s'éleva à 34 fr. 34 c., véritable prix de famine ! (1)

On devrait s'attendre à une mortalité extraordinaire ; eh bien, les documents officiels ne constatent, pour les trois années de la période, qu'un chiffre moyen de 789,688 décès, soit une augmentation de 41,000 seulement sur l'année 1810, où le prix du blé n'avait été que de 19 fr. 01 c. Les relevés de l'état civil contiendraient-ils des omissions graves, notamment en ce qui concerne les décès militaires si nombreux dans les années 1812 et 1813 ? Ou bien une prospérité matérielle, très-grande, aurait-elle amorti l'effet de la disette ?

Il est remarquable, et ce fait, d'ailleurs, se reproduit fréquemment, que la mortalité s'est surtout accrue dans l'année qui a vu finir la cherté, c'est-à-dire en 1813, où elle s'est élevée à 744,696, bien que le prix du blé fût descendu à 22 fr. 51 c. Ainsi

---

1. Les préoccupations causées par cette cherté, en retardant outre mesure le départ de l'Empereur pour l'armée, ont été considérées comme la cause principale des désastres de la campagne de Russie, commencée beaucoup trop tard, et, par conséquent, de la chute du trône impérial.

les malheureux, après avoir soutenu une lutte désespérée contre les privations et la misère, viennent tomber haletants, épuisés, sur le seuil de l'abondance!

Nos soupçons relatifs à l'omission des décès militaires sur les registres de l'état civil, trouvent une sorte de confirmation dans le fait de l'influence sensible de la cherté sur le nombre des mariages et des naissances. En 1810, on avait compté 232,943 mariages. Ce chiffre descend dans la période qui nous occupe, à 213,147. Les naissances qui, en 1810, avaient atteint le chiffre de 931,799, ne sont plus que de 902,143.

Troisième période (1817-1818). — Le prix moyen du blé calculé pour ces deux années, s'élève à 30 fr. 40 c., il était de 19 fr. 53 c. en 1815. La mortalité moyenne, de 690,885 en 1815, monte à 721,610 dans les deux années suivantes; accroissement 30,725. Ici encore nous voyons le nombre des décès s'accroître, surtout dans l'année qui a vu finir la cherté, c'est-à-dire en 1819, où elle atteint le chiffre de 752,551, bien que le prix du blé soit descendu à 18 fr. 42 c.

Les efforts du gouvernement pour suppléer, par des achats à l'extérieur, à l'insuffisance de la récolte, ne sont pas moindres que sous les gouvernements précédents. On évalue à 83 millions les sommes affectées à ces achats. La levée du blocus de nos ports par les flottes anglaises, les rend d'ailleurs plus faciles, plus prompts et moins onéreux qu'en 1812-13, où le gouvernement dut employer, à grands frais, le pavillon des neutres.

Comme dans cette dernière période, le nombre des mariages subit un mouvement décroissant très-marqué; de 249,247, en 1816, ils rétrogradent jusqu'à 209,610. Cette diminution est la plus considérable que nous ayons encore constatée. Il en est de même de celle des naissances dont le nombre moyen pour les deux années (929,526) est inférieur de 39,408 à celui de 1816 (968,934).

Quatrième période (1828, 1829, 1830, 1831). Le prix moyen du blé, qui a été de 16 fr. 43 c., dans les six années antérieures à 1828, et de 18 fr. 21 c. en 1827, s'élève à 22 fr. 28 c. dans cette 4ᵉ période. C'est une cherté bien moins sensible que les deux précédentes; aussi le nombre moyen des décès (779,246) ne dépasse-t-il que de 20,875 celui de l'année 1827 (758,371). La hausse du blé en 1816-1817, avait été de 55 p. % et l'accroissement de la mortalité de 4.4 p. % seulement; en 1828-1831, la hausse n'est que de 22 p. %, par rapport à 1827, et l'accroissement de la mortalité de 2.7 p. %. Ces rapports présentent une concordance assez remarquable. L'influence des hauts prix sur le nombre des mariages est à peine sensible; mais il n'en est pas entièrement de même en ce qui concerne les naissances, qui descendent de 980,135, chiffre de 1827, à 974,415, nombre moyen de la période.

Cinquième période (1839 et 1840). Une hausse légère se manifeste dans ces deux années; de 19 fr. 50 c., le prix du blé s'élève, en moyenne, à 21 fr. 88 c. Mais ici la différence est trop peu sensible et de trop courte durée pour produire un effet appréciable sur le mouvement de la population. Seul, le nombre des naissances descend de 963,099 en 1838, à 955,288, moyenne de 1839-1840.

Sixième période (1846, 1847). Le prix du blé s'élève, dans ces deux années, à 24 fr. 05 c. en 1846, et à 29 fr. 01 c. en 1847. La moyenne de ces deux prix (26 fr. 53 c.) est supérieure de 6 fr. 78 c. à celui de 1845 (19 fr. 75 c.). Sous l'action meurtrière de cette hausse considérable, la mortalité moyenne de 1846-1847 s'élève de 741,985, en 1845, à 834,986, différence 93,001, soit un accroissement de 12 p. %. Le nombre moyen des mariages (258,966) diminue de 24,272 par rapport à 1845 (283,238) et celui des naissances (933,863) de 48,664 (982,527 en 1845). Ici, l'effet de la cherté dépasse en intensité celui de toutes les périodes antérieures du même siècle. Cet effet se prolonge sur l'année suivante où le chiffre des décès (836,693) est encore supérieure de 94,708 à celui de 1845. Il est vrai que les graves évènements politiques de 1848, en provoquant immédiatement une crise industrielle et commerciale des plus profondes, ont pu exercer quelque influence sur la mortalité de cette année. Le nombre des mariages a subi son mouvement rétrograde ordinaire dans ces tristes circonstances.

De 283,238 en 1845, il n'a plus été que de 258,966, chiffre moyen des deux années de cherté. Les naissances, de 982,527, sont descendues à 933,863.

Le temps d'arrêt de la population, par rapport à 1845, est surtout remarquable en 1847, année des prix les plus élevés, ainsi qu'il résulte du tableau ci-après :

	MARIAGES.	NAISSANCES.	DÉCÈS.	PRIX DU BLÉ.
1845	283,238	982,527	711,985	19'75
1847	149,625	901,861	819,054	29 01
Diminution.	33,613	80,666	»	9 26
Augmentation.	»	»	107,069	»

On a même lieu d'être surpris d'un effet aussi considérable, quand on songe à la prospérité relative du pays en 1846-1847, et quand on le rapproche des faits bien moins graves constatés en 1812-1813 et en 1817-1818. Comment expliquer qu'à ces deux dernières époques, la population ait mieux résisté au fléau ? On pourrait, à la rigueur, en ce qui concerne 1812-1813, en trouver la cause dans l'omission de tout ou partie des décès militaires; mais cet élément d'inexactitude n'existe pas en 1817-1818. L'assistance publique et privée auraient-elles fait moins d'efforts en 1846-1847 que par le passé? La misère aurait-elle produit des épidémies locales meurtrières ? ou bien enfin les mercuriales officielles n'auraient-elles pas donné les prix vrais ? Les ventes sur échantillon, si nombreuses en temps de cherté et dont ces mercuriales né peuvent tenir aucun compte, se seraient-elles faites à des prix supérieurs à ceux des marchés et auraient-elles porté sur des quantités plus considérables?

Il est certain, en outre, que la cherté n'a réellement duré que 12 mois. Commencée au mois d'août 1846, elle a fini au mois d'août 1847, où le prix du blé est déjà descendu à 23 fr. 63 c. Toutefois la récolte de 1845 avait déjà laissé à désirer. Dès le mois d'août 1845, les prix ayaient haussé et il était évident que les blés vieux étaient rares. La hausse s'accroît dans les premiers mois de 1846, mais avec des oscillations en sens divers. Tout à coup, au mois d'août, c'est-à-dire lorsque le résultat de la récolte peut être apprécié, les prix s'élèvent en quelque sorte subitement et suivent, jusqu'au mois de mai, un mouvement rapidement ascendant. Mais, à cette époque, les blés d'Amérique et de la mer Noire arrivent en quantités considérables et, d'un autre côté, des renseignements certains présentent la nouvelle récolte sous l'aspect le plus favorable. Les prix commencent alors, et dès le mois de juin, un mouvement rétrograde non moins rapide, pour entrer dans une des périodes de bon marché les plus prolongées que l'on ait constatées en France.

Septième période. (1853-1857). Nous arrivons à la dernière cherté. Cette cherté se distingue de celles qui l'ont précédée depuis le commencement de ce siècle, d'abord par sa durée et, par conséquent, son incessante aggravation, puis par son extension successive à tous les objets de consommation alimentaire. Commencée au mois d'août 1853, elle atteint un premier maximum au mois de janvier 1854 (31 fr. 76 c.); après quatre mois d'oscillations, mais dans de faibles limites, elle touche en juin, à un second maximum plus élevé que le premier (32 fr. 08 c.). Une baisse peu sensible, il est vrai, se déclare à partir de juillet et se prolonge jusqu'en juillet suivant. L'insuffisance de la récolte de 1855 ayant été reconnue immédiatement après la récolte, les prix se relèvent de nouveau et montent jusqu'à 33 fr. 27 c. en décembre de la même année. Nouveau ralentissement de la hausse jusqu'en mai. Les intempéries de ce mois et du suivant ayant renouvelé les appréhensions, les prix reprennent aussitôt leur essor, malgré la conclusion de la paix, et en juillet se déclare un troisième maximum, le plus élevé de tous, 33 fr. 93 c. La récolte de 1856, excellente dans le Nord et l'Ouest, suffisante dans l'Est, médiocre dans le Centre, est déplorable dans le Midi. Toutefois, calculé pour l'ensemble de la France, le prix moyen obéit, à partir du mois d'août, à un mouvement de baisse, très-lent sans doute, mais continu. Déjà, en décembre, il tombe à 28 fr. 66 c. ; il se relève en février 1857 pour atteindre 29 fr. 02 c.; mais bientôt après une baisse considérable se déclare et, à la fin de la même année, l'hectolitre n'est plus qu'à 18 fr.

Dans la période qui nous occupe, la cherté ne doit pas être mesurée seulement par le prix du blé. Par une douloureuse coïncidence qui ne s'était point encore produite ou du moins, dont nous n'avons nulle part trouvé la trace dans les auteurs des xviie et xviiie siècles, toutes les autres céréales d'abord, puis la pomme de terre, la châtaigne, le vin, les fruits, les légumes secs ou verts, la viande enfin atteignent des prix de disette. La pomme de terre, ce précieux succédané du blé et qui joue, depuis un siècle, un rôle si considérable dans l'alimentation de la France, frappée dès 1845, d'un mal mystérieux et peut-être incurable (1), n'offre plus que d'insuffisantes ressources. L'engraissement du bétail, l'une des industries agricoles qui ont le plus besoin, pour prospérer, de compter sur un avenir de paix et de stabilité, presque abandonné de 1848 à 1851, sous une menace incessante de crises révolutionnaires, commence à peine à renaître, lorsque la cherté des céréales et celle des fourrages, en ajoutant, sans relâche, aux frais d'éducation, viennent réduire le nombre des élèves, précisément au moment où, par suite du progrès exceptionnellement rapide des agglomérations urbaines, les besoins de la consommation augmentent. La vigne atteinte, depuis 1851, et de la stérilité et de l'oïdium, ne donne plus que de rares produits, abordables seulement pour les bourses les plus aisées.

Enfin, pour comble d'affliction, l'industrie séricicole, qui occupait autrefois dans 60 départements un nombre de bras considérable, et permettait aux classes agricoles de lutter efficacement contre la cherté, subit, dans la même période, par suite de l'aggravation de la maladie du ver, une décadence jugée pour longtemps irrémédiable.

Telle est la situation contre laquelle notre pays a lutté pendant environ cinq ans. Évidemment, elle a dû entraîner des souffrances, des privations énormes et, par suite, les lois qui président au mouvement de sa population ont dû subir une perturbation plus ou moins profonde. Examinons:

En plaçant en regard du relevé de l'état civil de 1853 (année qui peut être considérée comme l'expression assez exacte du mouvement ordinaire de la population en France) le même relevé pour 1854 à 1858, on arrive aux rapprochements suivants qui décident la question.

	NAISSANCES (mort-nés non compris).	DÉCÈS (mort-nés non compris).	MARIAGES.
1853	936,967	795,596	280,60..
1854	923,461	992,779	270,906
1855	902,336	937,942	283,846
1856	952,116	837,082	287,629
1857	940,709	858,785	295,510
1858	967,638	872,622	307,218

Nous avons vu que la cherté des céréales a commencé en 1853; son effet se fait sentir dès l'année suivante, avec une intensité tout à fait extraordinaire, par la diminution combinée des naissances et des mariages; mais surtout par un accroissement énorme de la mortalité. Cet accroissement est tel, qu'un fait, entièrement nouveau en France depuis le commencement de ce siècle, se produit tout à coup : *le nombre des décès dépasse celui des naissances!* La cherté, il est vrai, n'est pas la seule cause de ce résultat douloureux. Il ne faut pas non plus lui attribuer exclusivement la nouvelle diminution du nombre des mariages, inférieur de 10,000 à celui de 1853. Une part considérable doit être faite au choléra, puis à la guerre, pour les décès, et peut-être au recrutement extraordinaire de 1854, pour les mariages.

D'après les documents officiels, le nombre des décès cholériques aurait été de 139,000; si nous tenons compte des omissions inévitables résultant de l'insuffisance du service médical dans les campagnes, nous ne devons pas hésiter à le porter à

1. On a pu croire, un instant, cette année, que la maladie touchait à son terme, parce que, sur plusieurs points, la récolte avait été abondante et saine; mais ce n'était qu'un retard dans l'explosion de la maladie; à peine rentrés, en effet, les tubercules ont été atteints de cette gangrène végétale qui en rend la consommation impossible pour les hommes et dangereuse pour les animaux.

150,000. Les décès de l'armée d'Orient s'élèvent, d'après les chiffres publiés par l'administration de la guerre, à 70,000 pour les années 1854 et 1855. En supposant que cette perte se répartisse également entre les deux années, et que, sur les 35,000 décès afférant à 1854, 15,000 aient été inscrits sur les registres de l'état civil en France dans le cours même de l'année, nous aurons 165,000 décès étrangers à la cherté. Si nous éliminons un instant ces 165,000 décès, nous rentrons dans des conditions à peu près normales. La mortalité totale s'abaisse à 827,000, et bien que supérieure encore de 16,000 à celle de 1852, que nous avons considérée comme normale, elle reste inférieure de 100,000 aux naissances; tandis qu'en 1847 l'excédant des naissances n'a été que de 52,807. Néanmoins, pour ne rien taire de notre pensée, nous croyons qu'une partie de la mortalité cholérique est due à l'action de la cherté et nous sommes confirmé dans cette supposition par le fait que l'épidémie a particulièrement sévi dans les campagnes où il est certain que la misère a été plus profonde que dans les villes. Nous ne saurions oublier, d'ailleurs, que le choléra, jusqu'à présent, a toujours éclaté, au moins en France, au milieu des privations qu'entraîne la cherté, que cette cherté soit le résultat d'une insuffisance de récolte comme en 1854, ou d'une crise industrielle qui laisse sans ouvrage des milliers, des millions d'individus comme en 1832 et en 1849.

En résumé, les pertes de notre population en 1854 peuvent être récapitulées ainsi qu'il suit :

Mortalité cholérique.	150,000
Mortalité militaire inscrite	15,000
Mortalité; — cherté	16,000
Diminution des naissances	41,000
	222,000
Diminution des mariages.	11,000

En 1855, l'aggravation de la cherté produit, comme il fallait s'y attendre, des conséquences non moins funestes. Toutefois, grâce à Dieu, le choléra a presque entièrement disparu; mais, par suite, nous ne pouvons plus lui attribuer qu'une très-faible part dans la mortalité extraordinaire de cette année.

Comparativement à 1853, année ordinaire, les naissances ont diminué de 34,631 ou de plus de 3 p. %; les décès se sont accrus de 142,346 ou de plus de 19 p. %. Seuls les mariages ont repris leur essor et ont atteint un chiffre supérieur; mais on sait que dans les années qui suivent les mortalités extraordinaires, le nombre des nouvelles familles, par une sorte de loi de compensation, obéit à un mouvement d'accroissement tout spécial.

Hâtons-nous de dire que la grande mortalité de 1855 n'est pas due exclusivement à la cherté. Les décès de l'armée d'Orient inscrits cette année, peuvent être évalués à 20,000, ce qui réduit à 917,000 la somme de ceux de l'intérieur et à 15,000 environ le chiffre de leur excédant sur les naissances. Toutefois n'oublions pas que, dans les années normales, les naissances dépassent habituellement les décès de 150,000 en moyenne. En 1852 notamment, cet excédant a été de 153,000 ou de près de 19 p. %.

On peut donc dire hardiment qu'en 1855 les pertes résultant de la cherté ont été plus sensibles qu'en 1854, et cela malgré l'immense et heureux développement des travaux publics et particuliers, malgré les grands efforts de la charité publique et privée.

L'année 1856, malgré la persistance de la cherté, se présente sous un aspect plus favorable : les naissances sont remontées à leur taux normal; les mariages ont continué leur mouvement ascendant, et la mortalité, comme il était facile de le prévoir, après les fléaux qui ont sévi en 1854 et 1855 et moissonné de préférence les générations les plus accessibles aux fatales influences de la misère ou de la maladie, la mortalité a diminué de 100,000 décès, bien qu'elle dépasse encore de 42,000 celle de 1853. Elle est l'objet d'une recrudescence marquée en 1857. En 1858, la cherté, mais la cherté des céréales seulement, a cessé, et les pertes de notre armée d'Orient peuvent être considérées comme ayant été entièrement inscrites. Cependant les décès se sont encore accrus et dépassent de 77,000 ou de plus de 9 p. % ceux de 1853. Quant aux mariages, dont l'essor continu semble contraster avec les vides cruels qui se font dans notre population, leur accroissement ne saurait guère s'expliquer que par le fait même des fortes mortalités auxquelles nous assistons; mortalités qui ont pour effet habituel de multiplier les secondes unions, et d'obliger, par exemple, une foule de jeunes filles restées sans parents, à chercher auprès d'un époux l'appui dont la nature les a prématurément privées.

L'action de la cherté sur la population s'est manifestée, à partir de 1853, par deux phénomènes entièrement nouveaux, ou du moins qui ne s'étaient point encore produits en France avec la même intensité; nous voulons parler: 1° des émigrations; 2° des migrations à l'intérieur.

En 1853, le nombre des cultivateurs, ouvriers et artisans industriels, qui ont quitté la France, et très-probablement avec le projet de s'établir au dehors, s'est élevé à 14,192. En 1854, ce nombre a été de 20,631, et en 1855, de 28,510. Or, les individus appartenant à ces trois professions ne sont certainement pas les seuls émigrants proprement dits, il peut s'en trouver encore un certain nombre parmi les autres personnes qui, dans ces trois années, ont quitté la France avec un passe-port pour l'étranger, et dont le chiffre total a été de 44,579 en 1853, de 50,315 en 1854; de 53,820 en 1855.

D'après un document publié par le ministère de l'intérieur, l'émigration française aurait compris 18,809 personnes en 1857. Mais ce chiffre se serait réduit à 13,813, en 1858.

Ce qui paraît certain, c'est que l'émigration réelle, c'est-à-dire avec projet d'établissement au dehors, ne dépassait pas de 7 à 8000 personnes dans les années précédentes. Nous ne voudrions cependant pas affirmer que la cherté a seule provoqué ce résultat. Nous ne nous dissimulons pas, en effet, qu'il peut également être dû en partie à l'attraction exercée par la découverte des gîtes aurifères, aux encouragements à la colonisation en Algérie, à la facilité, à la rapidité et au bon marché relatifs des moyens de transport.

D'un autre côté, quelle que soit la part de chacune des causes qui ont déterminé ce mouvement extérieur de notre population, quand on le compare, pour les mêmes années, mais surtout pour 1853, 1854 et 1855, aux émigrations en masse de l'Allemagne, de l'Irlande et même de l'Angleterre, n'a rien d'alarmant. La France, quoique baignée par trois mers, et disposant ainsi des plus grandes facilités de déplacement, est encore, après l'Autriche peut-être, et par d'autres raisons, le pays qui perd le moins de sa population par l'émigration. Dût-il en être autrement un jour, par suite de la continuation des hauts prix, ou de la suspension brusque, imprévue du rapide développement actuel de la richesse publique, il faudrait encore s'en féliciter. Mieux vaut l'émigration, avec la certitude pour les expatriés de trouver au dehors des moyens d'existence et la chance de conquérir l'aisance, peut-être même la fortune, qu'une lutte prolongée avec la misère sur le sol natal. Mieux vaut, pour la sécurité intérieure et la prospérité de la France, que ceux de ses enfants qu'un écart momentané entre la production et les besoins de la consommation condamne ici aux plus cruelles privations, aillent porter au dehors sa langue, ses idées, son génie, son influence, et ouvrir de nouveaux marchés à son industrie. Sans les inépuisables débouchés que ses cinquante-deux colonies offrent à l'exubérance continue de sa population, qui sait si l'Angleterre n'aurait pas péri depuis longtemps au milieu d'effroyables convulsions!

Les migrations à l'intérieur nous ont été révélées par le dénombrement de 1856. Cette grande opération a mis en lumière deux *courants* de population très-distincts: l'un de département à département; l'autre dans le même département, des campagnes dans les villes.

D'après des calculs que nous avons lieu de croire exacts, le déplacement de département à département, ou, plus exactement, de la zone plus particulièrement atteinte par la cherté et la plus destituée des moyens de la combattre, dans la zone la plus favorisée sous ce double rapport, a été, en nombres ronds, de 370,000 individus. Sur ce nombre, 295,000 environ se sont portés sur Paris, attirés par les grands travaux publics et privés et par le bas prix relatif du pain. Les 75,000 autres se sont dispersés entre les principaux départements manufacturiers et commerciaux.

Les documents officiels permettent de déterminer encore plus exactement la force du *courant intérieur*, c'est-à-dire de l'émigration des campagnes dans les villes. Si l'on prend le nombre des habitants des villes de 10,000 âmes en 1836, 1841, 1846, 1851 et 1856, et si l'on calcule, d'après les dénombrements de ces cinq années, son accroissement absolu et proportionnel, on arrive aux résultats suivants :

1836.	1841.	1846.	1851.	1856.
4,161,792	4,528,940	5,109,618	5,183,011	6,063,849
Accroissement p. % »	8.6	12.8	1.4	17.0

Ainsi le mouvement des agglomérations urbaines, très-rapide de 1836 à 1846, c'est-à-dire pendant la période la plus calme et la plus prospère du gouvernement de juillet, et presque nul de 1846 à 1851, par suite de l'énorme ralentissement du travail industriel et de l'attitude menaçante des classes ouvrières, s'est accru, de 1851 à 1856, dans des proportions jusque-là inconnues. Il n'est pas douteux pour nous que la cherté a joué le plus grand rôle dans cet accroissement exceptionnel. Mais il ne faudrait pas perdre de vue que les progrès de notre industrie manufacturière, progrès bien supérieurs à ceux des années précédentes, si nous en jugeons par les remarquables résultats de notre commerce extérieur, l'achèvement, dans la dernière période quinquennale, de notre réseau de chemins de fer ou au moins de nos lignes artérielles, sont pour une part considérable dans ces migrations vers les villes.

Si nous récapitulons, à partir du XIe siècle seulement, époque à laquelle les renseignements que nous avons recueillis commencent à mériter quelque confiance, les famines, disettes ou simples chertés qui ont sévi en France jusqu'à nos jours, nous trouvons les résultats suivants :

Le XIe siècle n'aurait compté que 17 années de mauvaises récoltes; le XIIe, 23; le XIIIe, 10 seulement; le XIVe, 16; le XVe, 22; le XVIe, 18; le XVIIe, 18; le XVIIIe, 23; le XIXe, 20. Il semblerait d'après ces documents, et en les supposant exacts, que ce sont les siècles les plus rapprochés du nôtre qui ont vu le prix du blé s'élever le plus fréquemment; mais quand on étudie l'histoire de nos crises alimentaires, on constate qu'elles deviennent de moins en moins sensibles, et leurs effets sur la population de moins en moins meurtriers. *Famines* dans les premiers temps de notre histoire, elles n'ont bientôt plus été que des *disettes*, et aujourd'hui nous ne connaissons que des *chertés*. Sans doute, des privations excessives, une insuffisance prolongée de nourriture, peuvent encore de nos jours, élever momentanément le chiffre normal de la mortalité; mais heureusement les temps sont loin de nous où la faim, avec son cortége habituel d'épidémies, semait le deuil et la solitude dans nos villes et nos campagnes. (1)

En fait, le prix du pain a cessé depuis longtemps d'atteindre le taux calamiteux que nous trouvons à d'autres époques de notre histoire, et les causes de cet heureux changement sont telles que nous pouvons compter sur leur durée. Ce sont d'abord et avant tout, les progrès incontestables de notre agriculture, au double point de vue d'un rendement plus considérable à superficie égale, et d'une plus grande variété dans les cultures. Lorsque le blé formait la sole unique, il est facile de comprendre qu'une récolte insuffisante était un désastre irréparable; il n'en est plus de même aujourd'hui, où les autres farineux ont une large place dans notre système d'assolement. Nous trouvons en outre une garantie certaine contre le retour des anciens prix dans la rapidité des voies de communication, qui permet, lorsque les besoins d'un pays sont connus, d'y conduire en peu de temps l'excédant de ressources alimentaires que peuvent offrir les régions du globe les plus éloignées; dans la sagesse des gouvernements auxquels les leçons du passé ont appris à borner leur intervention, en cas de cherté, à la suppression des droits de douane, à des avis

---

1. Nous ne parlons ici que pour la France; car nous ne saurions oublier que l'Irlande en 1846-1847, la Silésie prussienne en 1844-1845, les Flandres belges un peu plus tard, la Finlande en 1856-1857, ont donné, dans des mesures diverses il est vrai, le spectacle de ces navrantes mortalités.

donnés en temps utile au commerce, et à des mesures de police destinées à assurer la libre circulation des subsistances à l'intérieur; dans l'immense développement du commerce maritime, et par conséquent des moyens de transport; enfin dans les progrès de la richesse publique, et surtout de l'association des capitaux, qui permettent à la spéculation d'affronter plus aisément que par le passé, les risques inhérents au commerce des blés, le plus exposé de tous aux méprises, aux mécomptes ruineux.

La cherté, dans son action sur la population, n'a pas au surplus la même intensité partout et toujours; en ce sens, l'idée qu'elle exprime est essentiellement relative. Même, avec des prix égaux, elle peut être, selon les circonstances, inoffensive ou fatale. Coïncide-t-elle avec un grand développement de l'activité industrielle, elle est facilement supportée, parce qu'alors le salaire qui, dans les temps ordinaires, ne suit qu'à de grandes distances la hausse des prix, atteint rapidement leur niveau. Il en est de même là où, par suite d'une longue prospérité, les classes laborieuses ont pu faire d'importantes économies. Ce n'est pas tout: une organisation efficace de l'assistance publique, des encouragements extraordinaires accordés à l'émigration, peuvent adoucir notablement de nos jours les rigueurs d'une crise alimentaire. L'Angleterre nous a fourni plusieurs fois des exemples remarquables de la puissance de neutralisation que peut exercer sur la cherté l'heureuse réunion de ces conditions économiques. Grâce à son immense prospérité industrielle, aux fortes épargnes de ses classes ouvrières, attestées par le chiffre énorme de leurs dépôts aux caisses d'épargnes, aux facilités exceptionnelles accordées à l'émigration à l'aide du concours combiné du gouvernement central et des gouvernements coloniaux, aux secours accordés, sur une vaste échelle, par les paroisses, et les innombrables sociétés charitables ou de prévoyance dont s'enorgueillit ce grand pays, les souffrances que produit ailleurs le haut prix des subsistances y sont en grande partie conjurées.

Si ces avantages n'existent pas en France, au moins au même degré, il importe que nos populations s'efforcent d'y suppléer par des habitudes d'ordre, de prévoyance et de rigoureuse économie. Sous ce rapport, nos campagnes donnent à nos villes un salutaire exemple.

A. LEGOYT.

BIBLIOTHEQUE NATIONALE

SERVICE DES NOUVEAUX SUPPORTS

58, rue de Richelieu, 75084 PARIS CEDEX 02 Téléphone 266 62 62

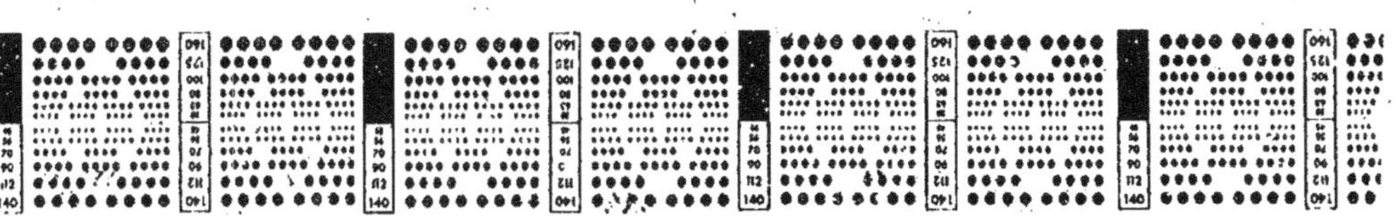

Achevé de micrographier le : 23 / 09 / 1976

Défauts constatés sur le document original

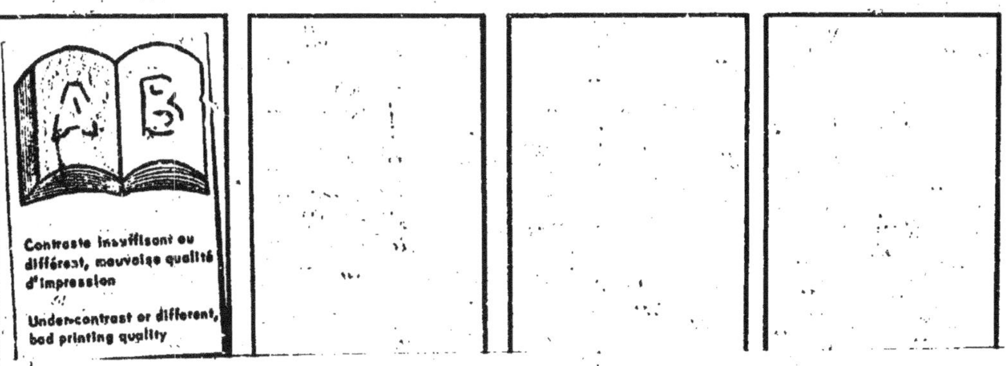